BEI GRIN MACHT SICH IHR WISSEN BEZAHLT

Dana Ziegel

Organisation – Strukturen und Prozesse. Eine Lernzusammenfassung

GRIN Verlag

Bibliografische Information der Deutschen Nationalbibliothek:

Die Deutsche Bibliothek verzeichnet diese Publikation in der Deutschen National-
bibliografie; detaillierte bibliografische Daten sind im Internet über http://dnb.d-
nb.de/ abrufbar.

Impressum:

Copyright © 2015 GRIN Verlag GmbH
Druck und Bindung: Books on Demand GmbH, Norderstedt Germany
ISBN: 978-3-95687-415-4

Dieses Buch bei GRIN:

http://www.grin.com/de/e-book/301979/organisation-strukturen-und-prozesse-eine-
lernzusammenfassung

GRIN - Your knowledge has value

Der GRIN Verlag publiziert seit 1998 wissenschaftliche Arbeiten von Studenten, Hochschullehrern und anderen Akademikern als eBook und gedrucktes Buch. Die Verlagswebsite www.grin.com ist die ideale Plattform zur Veröffentlichung von Hausarbeiten, Abschlussarbeiten, wissenschaftlichen Aufsätzen, Dissertationen und Fachbüchern.

Besuchen Sie uns im Internet:

http://www.grin.com/

http://www.facebook.com/grincom

http://www.twitter.com/grin_com

Organisation – Strukturen und Prozesse

Mitglieder der Genossenschaften: Kaufleute; Leitung: einzelner Unternehmer

Einführung in die Veranstaltung
- Adidas: Wertschöpfungskette (Beschaffung)
- Bayer AG: Portfolio (Produkte), organisatorische Zusammenfassung der Produkte zu Teilkonzernen
- Daimler Chrysler AG: Ablauforganisation im Verwaltungsbereich, z. B. mit Controlling (oder in der Produktion: z. B. just-in-time); Benchmarkniveau: i. d. R. Vergleich zum stärksten Konkurrenten

Was sind organisationale Problembereiche? (siehe Handout)

Geschichte 1
- Team → Abstimmung
- „Schlechte Planung"/Führung
- Kommunikation
- Hierarchie/Weisungskompetenz
→ Es geht um Verantwortungsbereiche, Kompetenzen und Organisation

Geschichte 2
- Delegation → persönliche Kompetenzen
- Verantwortung
- Unternehmensgröße/-wachstum (beeinflusst Unternehmensstruktur)
→ Unternehmenswachstum (mehr Produkte anbieten): erfordert organisatorische Änderungen (Strategie + Organisation stehen eng zusammen)
→ Strategie: mit welchen Produkten/Dienstleistungen bin ich auf welchen Märkten tätig

Geschichte 3
- Motivation (Feedback, Wertschätzung, Kompetenz – Über-/Unterforderung etc.)
- Führung
→ Personalmanagement/-wesen geht Hand in Hand mit der Organisation

Geschichte 4
- Unternehmenskultur: Werte/Normen (Respekt), Umgangsformen (Leitbild vs. Realität)
    → Beispiel für Werte/Normen: Vereinbarkeit von Familie und Beruf
    → Wertorientierte Unternehmen: Organisationen, wie Unicef usw.
- Identifikation (commitment: innere Verpflichtung dem Unternehmen gegenüber)

1. Grundfragen organisationaler Gestaltung

- Ursprung: Arbeitsteilung + Zusammenführung dieser Prozesse erfordern Organisation
- Ist oder hat das Unternehmen eine Organisation
- In der Organisation kann man nicht alle Prozesse regeln! → Ziel: Optimalzustand

Zwei Sichtweisen
- Institutionell: Unternehmung als Organisation (Interaktionen der Menschen im Unternehmen) ODER
- Instrumentelle/Technische Sichtweise: Managementinstrument/Organisation als Optimierungssache

Vereinigung, die eine Organisation ist
- Organisation mit formale Struktur, dauerhaft, zielgerichtet, offenes soziales System (Ein-/Austritt jederzeit möglich)
- Beispiel: Fußballmannschaft, ADAC etc.

Vereinigung hat eine Organisation
- Aus Sicht des Trainers: Optimierung der Abläufe steht im Fokus

Organisation als Produktionsfaktor (Unternehmen hat eine Organisation, Folie 29)
Organisation als Managementfunktion
Organisation als Management-/Querschnittfunktion

Ziele der Organisation: viel Arbeiten, produktiv sein etc.
- … für die Organisation: postulierte Unternehmensziele (Ökologie)
- Mitarbeiter tragen diese mit

Substitutionsprinzip
- Optimierungsregel für Organisationen
- Routineaufgaben sollten generelle Regeln haben

Organisation als Querschnittfunktion
- Management und Sachfunktionen kommen zusammen
- Betrifft alle Leistungsbereiche des Unternehmens (Abläufe organisieren, keine getrennte Betrachtung möglich)

Dussmanns Geschäftsidee: Ein Medienkaufhaus, Komplettangebot, rund um die Uhr geöffnet.

Einführung neuer Geschäftsfelder bei Dussmann = eine Strategiefrage

Was muss geplant werden?

- Standort/Gebäude
- Personal
- Lieferanten
- Kommunikation/Name
- Sortiment
- Organisation

- Kaufmännischer Bereich
- Rechtliche Voraussetzungen
- Führung
- Service
- Einkäufer

Strukturen und Prozesse (müssen festgelegt werden)

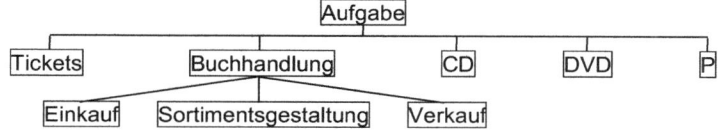

Analyse-Synthese Konzept (S. 7 ff.)
Ausgangspunkt: Strategie/Unternehmerische **Aufgabe**

Analyse: systematische Zerlegung
1. Zerteilung/Zerlegung der Aufgaben (= Elementaraufgaben)
2. Zerteilung/Zerlegung der Tätigkeiten (bis hin zu einzelnen Gangelementen)

Synthese: Zusammenführung
1. Integration: Zusammenfügung zu sinnvollen Aufgaben/Arbeitsschritten (meist entstehen Objekt- oder Verrichtungsorientierte Einheiten)
2. Einzelne Aufgaben werden einzelnen Stellen zugeordnet, Stellen werden hierarchisch sortiert (Folie S. 17)sowie
3. Personale Synthese
4. Räumliche Synthese
5. Zeitliche Synthese (Lieferant + Regaleinräumer + Beschaffung etc.; Durchlaufzeit optimieren ⇒ Ablaufdiagramm, Folie 20)

⇒ Aufgabe in Teilaufgaben zerlegen
⇒ Arbeitsgänge/Aufgaben zusammenführen = Organisation
(Für Klausur: Prozess verstehen)

Sachlich oder Formal (Folie S. 9)

Sachlich
- Verrichtung (=Tätigkeit) oder
- Objekt (s. o.)

Formal
- Rang: Entscheidungsaufgabe vs. Ausführungsaufgabe
- Phase: muss etwas geplant werden oder
- Zweckbeziehung: Zusammenhang mit Leistungserstellung oder Backup (Finanzierung, Controlling. Hausmeister etc.)

Kritik am Analyse-Synthese Konzept

- Systematische und strukturierte Vorgehensweise
  - → Systematisch/strukturiert: nicht intuitiv
- Trennung von Aufbau- und Ablauforganisation
  - → Erst Aufbau- dann Ablauforganisation betrachten!!!
- Aufgabenanalyse der Arbeitsanalyse vorangestellt
  - → Ablauforganisation der Aufbauorganisation nachgelagert (?)
  - → Strukturgestaltung muss Prozesse berücksichtigen
- Subjektive Kriterien

Vorige Vorlesung: Organisationseinheiten (Stellen, Gremien usw.)

Gremien (Gruppen)

Haupt- oder Nebenamtlich
- Beispiel für dauerhafte Projektgruppen: z. B. in der Produktentwicklung (bei

Leitungsgruppe
- Gesamtkollegialität: es geht um die Aufgabenverteilung
- Ressortkollegialität
- Kommt zum tragen bei der Willensbildung: Direktorial- oder Kollegialprinzip (nur der Vorstand darf entscheiden vs. demokratische Abstimmung; Regelung in Satzung/GO)
- Beispiel KV

Arbeitsgruppe (Folie 8)
- Teilautonome Arbeitsgruppe: trifft selber Entscheidungen = Selbstorganisation
- Task-Force: Führungskräfte, weil wichtig ABER Ausführende sind nicht dabei

----

Beispiel Unternehmensgründung
- Wenn sich die Inhaber nicht mehr um alles alleine kümmern können
- Abteilung: Eine leitungsstelle und mehrere Ausführende
- Zum Schluss: Rückzug aus operativen Geschäft und nur noch Kontrolle des Managers der einzelnen Filialen (anhand von Zahlen/Rechnungswesen/Controlling)
- Idealtypisch skizziert: Entwicklung eines Unternehmens
- Verwaltung wird wieder rausgenommen und zu Zentralbereichen gemacht

Organigramm BMWF
- Parlamentarische Staatssekretäre: politisch ganz enge Vertraute, die den Minister vertreten (Regierungsaufgaben: öffentliche Auftritte); wird von Partei gestellt
- Staatssekretär: gehört zum Haus; sind quasi auch Abteilungsleiter

Kriterien für die Konfiguration (Abteilungsbildung, Folie 24)
- Nach Funktionen (funktional) oder objektorientiert
- Nach Verrichtungen oder Objekten; nach bestimmten Kundengruppen

Organisationsprinzipien (Folie 25)
- Homogenität: gleichartige Aufgaben, Abstimmung in der Abteilung
- Abteilungsbildung: muss so sein, dass der Abteilungsleiter noch den Überblick hat (es muss beherrschbar bleiben) und die gleichartigen Aufgaben müssen zusammengeführt werden

Grundsätze der Abteilungsgründung
1. Gleiche Aufgaben (Homogenität)
2. Keine Überlastung/Beherrschbarkeit
→ Konfiguration

Große vs. geringe Leitungsspanne
- Leitungsspanne muss entsprechend angepasst werden (Breite)
- Leitungstiefe (Anzahl der direkt unterstellten Ebenen)

Koordination (Folie 29) der Abteilungen zueinander
- Koordination zur Abstimmung der Stellen/Gremien etc. untereinander
- Interdependenzen:
    - → Gepoolt: mehrere greifen gleichzeitig auf eine Person zu
    - → Sequenz: alle nacheinander
    - → Reziprok: du bekommst was von mir, ich bekomm was von dir
- Konsequenzen (sobald eine Aufgabe auf mehrere übertragen wird): Informationsfluss ist behindert, Fehler können passieren, Zeitaufwand ist größer, Verantwortlichkeiten gehen verloren, Wissensbarriere: man kann nicht alles aufschreiben und es gibt auch impliziertes Wissen (Wissen, was man nicht aufschreiben/mitteilen kann, z. B. Routine oder Dinge, die man automatisch tut)
- Koordination der Schnittstellen ist nötig!!!

Koordination (Folie 31)
- Feed-forward: Ziel-/Entscheidungsvorgabe (im vorhinein)
- Feed-back: Soll-Ist-Abgleich, Intervention bei Störungen
- Erforderlich: Koordinationsinstrumente (Pläne, Handbücher etc.)

Einliniensystem nach Fayol (Folie 32)
- Immer von unten nach oben: eindeutig/nur ein Chef (immer zum Vorgesetzten)
- Fayolische Brücke: Problemlösungsgruppen (unterste Hierarchieebenen dürfen sich auch miteinander unterhalten)
- Vorteile: klare Zuständigkeiten (keine Verwirrung); siehe Folie 33
- Nachteil: tendenzielle Überlastung der Leitung, da jede Entscheidung abgesegnet werden muss, lange Durchlaufzeiten, unflexibel (keine schnellen Lösungen möglich)
- → Beachte auch: Folie „Vor- und Nachteile"

Mehrliniensystem nach Taylor (Folie 34)
- Mehrere Vorgesetzte: man kann sich an mehrere wenden (vs. Klarheit)
- Disziplinarische Zuordnung sollte aber klar sein
- → Beachte auch: Folie „Vor- und Nachteile"

Stabliniensystem
- Stäbe sind aber oft demotiviert (keine Entscheidungsbefugnis)
- Delegation von Aufgaben an Stäbe (zur Hilfe bei der Koordination)
- → Beachte auch: Folie „Vor- und Nachteile"

Matrixsystem
- Existiert, funktioniert aber selten
- Kriterien, nach denen man Abteilungen normalerweise aufschlüsselt: Funktion oder Objekt (= mindestens zwei Vorgesetzte)
- Teilung unterhalb der Unternehmensleitung in funktional und objektorientiert
- Hier: matrixstellen sind mehreren leitungsstellen unterstellt
- Problem: Kompetenzüberschneidungen, Reibungsverluste etc.
- → Beachte auch: Folie „Vor- und Nachteile"

- → **Einliniensystem, Mehrliniensystem, Stabliniensystem, Matrixsystem dienen zur Koordination der Abteilungen untereinander**

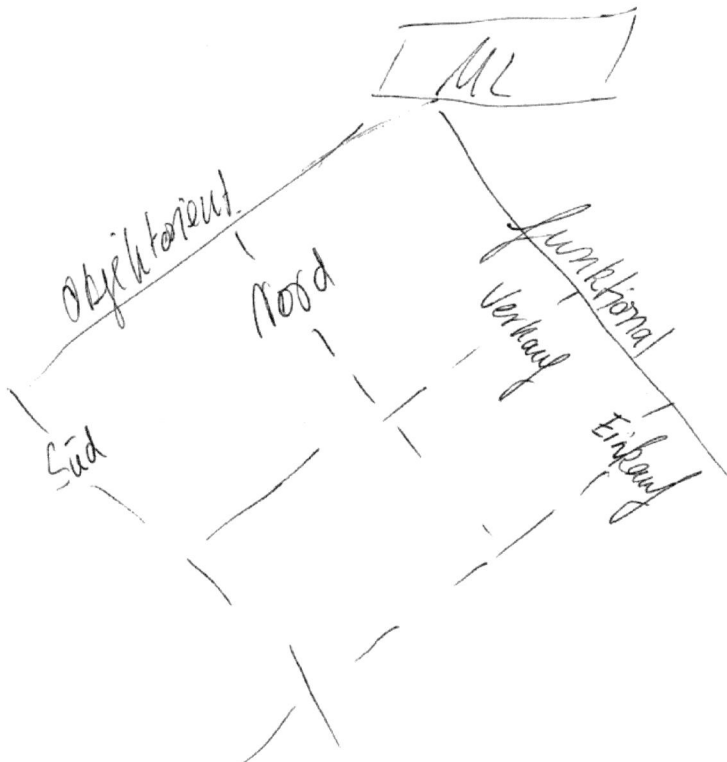

Fallbeispiel zu den Organisationsformen „BUSCH-TEX GmbH"

Cost Center: Kostenverantwortung für den Bereich haben (nur dem Vorgesetzten gg. Zu rechtfertigen (das Einhalten der Kosten/des Budgets ist mit dem Chef abzustimmen; was/wie und mit welchen Kosten es getan wird muss gg. Dem Chef gerechtfertigt werden

1. Analyse der Organisation der BUSCH-TEX GmbH
- Form (Leitungsbeziehungen): Stabliniensystem
- Leitungstiefe (Anzahl der Hierarchieebenen unterhalb der Leitung) der Firma: 3
- Leitungsspanne (Anzahl der einer Instanz direkt unterstellten Mitarbeiter) des kaufmännischen Leiters: 2

2. Leitungsspanne des ersten Vorschlages
- Leitungsspanne bei Abschaffung des technischen und kaufmännischen Leiters: 4

3. Rat zu diesem Vorschlag
- Unternehmen will expandieren, daher ist es hier nicht ratsam abzubauen
- Strategische Aufgabe wird erweitert, man sollte also dem kaufmännischen Leiter eher noch Hilfe zur Seite stellen!
- Vom Vorschlag ist abzuraten: Beherrschbarkeitsprinzip
- Zu viel/zu unüberschaubar: kann zur Überlastung führen(wenn er die Verantwortung für diese Bereiche selbst übernehmen will)
- ABRATEN! Überlastung: Entwicklung neuer Produkte, neue Märkte, neue strategische Fragen

Welche Vor- und Nachteile hat die Struktur?
- Vor- und Nachteile eines Stabliniensystems (Einliniensystems) aufzählen

4. Rat zum Vorschlag: technischer und kaufmännischer Bereich als Cost-Center, Verantwortung für Neukundengewinnung verbleibt beim Geschäftsführer
- Bürdet den Bereichsleitern die Kostenverantwortung auf, übernimmt aber eine wichtige Aufgabe des Kaufmännischen Leiters
- Zurechnung der Kosten für die Neukundengewinnung zum kaufmännischen Leiter, aber keine Entscheidungsbefugnis: Problematisch, da Kostenverantwortung und Entscheidungshoheit auseinanderdriften (organisatorisches Kongruenzprinzip)
- In diesem Beispiel müsste der kaufmännische Leiter Kosten verantworten, bei deren Entscheidung er gar nicht mitgewirkt hat (Seite 24, letzte VL)
- Mögliche Lösung: eigenes Budget zuweisen

5. Situation: Qualitätsmängel aufgrund isolierter Entwicklung und Produktion; Lösung: Bereiche sollen mehr miteinander kommunizieren. Wie würden Sie dieses Anliegen aufbauorganisatorisch lösen? Welche Vor- und Nachteile sind mit Ihrem Vorschlag verbunden?
- Will man die Struktur ändern: Mehrliniensystem oder Matrixsystem im techn. Bereich
- Vor-/Nachteile: kurze Wege, aber Kompetenzprobleme (immer ca. 3 Beispiele)

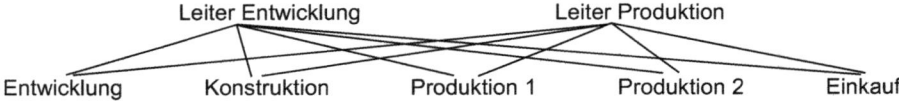

System überlappender Gruppen (Folie 28)

- Möglichkeit, um zwischen Stellen/Abteilungen zu koordinieren (außer Ein-/Mehrlinien)
- Sehr theoretisch, nur selten in der Praxis
- Koordination innerhalb dieser Gruppe (keine Vorgesetzten)
- Vorteile durch Gruppenarbeit (Vorgesetzter wurde eliminiert): Abstimmungsvorteile, die Leute sitzen zusammen, Selbstbestimmung/Motivation (wer macht was wann), Jobrotation (Selbstorganisiert)
- Abbau hierarchischer Beziehungen, Verlagerung in die Gruppe hinein

Organisationsinterne Märkte (Folie 32)
- Z. B. Cost/Profit Center (gewinn-/kostenorientiert)
- Ziel: unternehmerisches Verantwortungsgefühl schaffen
- Kosten festlegen (Kostenrechnung)

Formalisierung (letzer Punkt neben der Koordination)
- Darstellung des Unternehmens/der Struktur nach außen
- Durch Stellenbeschreibungen, Organigramme, Richtlinien, Leistungen dokumentieren (Leistungsbeurteilung) etc.

II. Organisatorische Gestaltungsalternativen

Primär- und Sekundärorganisation
-   Primär: Koordination von dauerhaften Aufgaben im Unternehmen
-   Sekundär: flexible Ergänzung der bestehenden Organisation

Primärorganisation – Funktionale Organisation (nach Verrichtungen)
-   Klassisches Einliniensystem
-   Steht für strenge Hierarchie (Chef entscheidet)
-   Organisationsform für Startups (kleine/mittlere Unternehmen: haben i. d. R. wenige Produkte = homogenes Produktprogramm)
-   Meist Trennung: technischer - kaufmännischer Bereich (wenn Unternehmen wachsen)

Organigramm der Wagner Werkzeugsysteme Müller GmbH
-   Gliederung nach Funktionen
-   Auf erster Ebene drei Abteilungen: Entwicklung, Vertrieb, Materialwirtschaft
-   Merkwürdig ist, dass Produktion noch weiter unten angeordnet ist (Produktion bekommt Anweisungen von der Materialwirtschaft?!?)
-   Abteilung noch mal nach Funktionen aufgegliedert (hier kommt man schon bei einzelnen stellen an; Indiz: es stehen schon einzelne Namen da)
-   Interpretation: Herr Wild ist Leiter von Einkauf- und Produktion
-   Leitungstiefe des Unternehmens: 3 bzw. 2
-   Leistungsspanne wird auf der zweiten Ebene gezählt
-   Hr. Moradian: Schnittstelle zwischen Vertrieb + Entwicklung = abteilungsübergreifende Zusammenarbeit ohne über den Abteilungsleiter zu gehen (fayolsche Brücke)
-   Weiterentwicklung des Kundenwunsches (Produktentwicklung = Kundenentwicklung)
⇒   Organigramme dienen der Formalisierung der Struktur/Darstellung nach außen, aber sie sind nicht immer eindeutig lesbar!

Tiroler Versicherungen
-   Einliniensystem mit Stabstellen
-   Zuordnung der Stabstellen direkt zum Vorstand spricht dafür, dass die Versicherung klein ist (kein Zentralbereich)
-   Stabstellen nur als Hilfe, aber nicht genug, um eigenen Abteilungen dafür zu schaffen
-   Funktional, da Aufteilung auf der zweiten Hierarchieebene in Funktionen erfolgt (Eingruppierung ist immer abhängig von der zweiten Hierarchieebene)
-   Zunächst Funktionsbereiche und darunter Gliederung nach Objekten

Dornburger Kunststoff-Technik GmbH
-   Einliniensystem
-   Zwei Standorte mit je einem Geschäftsführer (Verwaltung und Produktion)
-   Auf der zweiten Ebene sind hier alles Funktionen!!!
-   GF haben unterschiedliche Standorte, aber beide dürfen überall „reinregieren" (ABER die tatsächlichen Kompetenzen werden meist im Gesellschaftervertrag festgelegt)
-   Einrichter: ist mit Namen hinterlegt (wahrscheinlich Chef-Einrichter): besondere Position (wahrscheinlich Vorarbeiter) innerhalb der Hierarchie
-   Meist ist aber auch etwas objektorientiertes mit dabei
⇒   In der Praxis ist die Organisationsstruktur meist nicht einheitlich dargstellt:, daher ist die Interpretation von Organigrammen ist nötig

Für welche Unternehmen kommt eine funktionale Organisation in Frage?
- Bei homogenen Produktgruppen
- Z. B. Versicherungsgesellschaften oder Banken

Funktionale Organisation

Gestaltung der operativen Bereiche: direkte und indirekte Bereiche (Folie 12)
- Kernbereiche: leistungsorientiert
- Indirekte Bereiche: z. B. Verwaltung
→ Gibt es in jeder Organisation

WestLB AG (Folie 13)
- Ressourcenorientiert vs. leistungsorientiert
- Mitarbeiter vor Ort hat nichts mit Produkten zu tun
- Bereich Personal: indirekte Leistungserstellung (Verwaltungsangestellte)
- Sparkassen und öffentliche Kunden: leistungsorientiert

Vor- und Nachteile funktionaler Organisation
+ Einfache/überschaubare Struktur mit typischen Bereichen
   → Forschung, Entwicklung, Produktion, Einkauf
+ Spezialisierungsvorteile nutzen: durch Gliederung in Einkauf, Produktion, Absatz
   → Immer nur eine Tätigkeit führt zur Spezialisierung
   → Es geht nach den Arbeitsvorgängen
+ Gilt für jede Einlinien-Organisation: gut kontrollierbar
   → Es gibt immer nur eine verantwortliche Person für die Leistungserstellung
- Hoher Koordinationsbedarf (desto größer der Bereich wird)
- Bereichsegoismus (Hauptsache ich hab mein Produktionssoll geschafft)
- Überlastung der Unternehmensleitung
- Kamineffekt (alles geht immer bis ganz nach oben)
- Überbetonung des Spezialistentums (Bereichsegoismus): niemand hat den Überblick
- Eingeschränkte Personalentwicklung (in anderen Formen: marktnäher/besser)
→ Für kleine/mittlere Unternehmen
→ Mit überschaubarem/homogenem Leistungsprogramm
→ In einer relativ stabilen Unternehmensumwelt

Probleme der funktionalen Organisation bei wachsenden Unternehmen (Folie 15)
- Koordination wird schwieriger (Wer kann noch welche Fragen beantworten?)
- Desto mehr Produkte, desto weniger Spezialisierung
- Transparenz wird geringer
- Steuerung wird schwieriger

Man sollte aber nicht alles sofort ändern, sondern z. B. (Folie S. 16)
- Leistungskapazität erhöhen (Koordination wird in die Unternehmensspitze verlagert)
- Stabstellen gründen
- Bereichsübergreifende Ausschüsse gründen (ABER es müssen Kompetenzen zugewiesen werden! Keine Entscheidungsbefugnis = keine Verantwortung; Konsequenzen können nur durch Entscheidungsträger getragen werden!)
- Lager : Aufhebung des Warteschlangenproblems/Entkoppelung (Neueinstellungen)
→ Wenn man damit die funktionale Organisation nicht retten kann, sollte man die

divisionale wählen (Gliederung nach Objekten auf der zweiten Ebene, siehe Folie 18)
Lohnt sich eine divisionale Organisation?
- Wenn es klappt/rein passt: ja (Bereich Stahl rein oder raus?)
- Hängt von den Aufgaben ab und den Produkten: das ist aber eine Strategiefrage
  → Kann ich die Produktpalette bündeln?
- Kommt auf die Größe an (klein = funktional; groß = divisional)

Gliederung der divisionalen Organisation
- Nach Produkten: produktorientiert
- Nach Regionen
- Kundenorientiert (typischer Weise bei Banken)

3 Möglichkeiten für die Gestaltung der Autonomiebereiche (Folie 25)
- Cost Center: Budget ist vorgegeben und muss eingehalten werden
  (Kostenverantwortung)
- Profit Center: mehr Autonomie = mehr Entscheidungskompetenzen
- Investment Center
→ Kosten-/Gewinnverantwortung gibt es auch bei der funktionalen Organisation

Strukturierung des Vorstandes (S. 33)
- Vorstand ohne Ressort: einzelne Bereiche bleiben unabhängig voneinander
  (unüblich); ohne Verantwortung
- Mit Ressortzuordnung (Zuordnung eines Ressorts zu einem Geschäftsbereich): als
  Leiter eines Geschäftsbereiches (Folie S. 31) = Vorstände werden direkt den
  einzelnen Divisionen zugeordnet (Vorstand ist gleichzeitig auch Abteilungsleiter);
  → Nachteil: mehr Abstimmungsbedarf oben, wenn es zentrale Entscheidungen gibt
- Vorstand nur als Leiter der Zentralbereiche: ist unüblich (einzelne Divisionen haben
  keine Leiter), Gesamtüberblick hat der Leiter des Zentralbereichs;
  → Nachteil: konkreter Einblick in die Abteilungen fehlt
- Leiter der Geschäfts- und Zentralbereiche
→ Möglichkeiten steuernd in die einzelnen Divisionen einzugreifen
→ Die produktorientierten Bereiche müssen koordiniert werden

Fallstudie BUSCH-TEX GmbH (2)
- Reorganisation in zwei Schritten
- Probleme, die durch die neue Struktur auftreten/nicht gelöst werden können (daher
  zweite Reorganisation)

1. **Skizzieren Sie die Organisationsstruktur der BUSCH-TEX GmbH vor der zweiten
   Reorganisation (Organisationsstruktur nach der ersten Reorganisation)**
- Technischer und kaufmännischer Bereich fallen weg
- Forschung und Entwicklung, Materialwirtschaft, Produktion sowie Vertrieb als
  eigenständige Einheiten
- Sekundäre Bereiche: Personal, Finanzen + Informations- und Kommunikationstechnik
→ Einliniensystem: Funktional

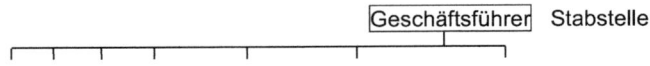

Geschäftsführer   Stabstelle

| E | P | V | MW | Personal | Finanzen | Informations-/Kommunikationstechnik (IuK) |

2. Welche Nachteile dieser Organisationsform sind mit der Ausweitung des Produktprogramms im Fallbeispiel zu erkennen.

- Koordinationsprobleme (aufgrund von Kommunikationsproblemen)
- Spezialisierungsvorteile nehmen ab (einer ist für mehrere Angelegenheit zuständig = Generalisten)
- Je mehr Produkte desto mehr sinkt die Transparenz
- Steuerung und Kontrolle funktioniert nicht mehr (auch nicht der Notfallplan)
→ Siehe Tabelle: Nachteile der funktionalen Organisation

3. Welche neue Primärstruktur würden Sie vorschlagen? Begründen Sie Ihren Vorschlag und fertigen Sie ein Organigramm an!

- Grund für die Änderung (Begründung für den Chef): wir bieten immer mehr unterschiedliche Produkte an (Produktprogramm wird immer heterogener) für die wir immer mehr Produktionsanlagen etc. benötigen ODER
- Die Produktpalette und Aufgaben ändern sich und diese Ausweitung der Aufgabe und Produktpalette erfordert eine divisionale Organisation

Gliederung
- Textil: produzieren Vorprodukte für die Bekleidungsindustrie (Entwicklung) vs. Sport und Freizeit (SuF): Herstellung von Textilien (2 Abteilungen sind daher sinnvoll)
- Forschung und Entwicklung (FuE): Zentralbereich zur Grundlagenforschung (Koordination der technischen Grundlage der drei Bereiche)
- Dritte Ebene mit leistungsorientierten Bereichen
- Schaffung von fünf Divisionen + Zentralbereiche: Ziel ist die Nutzung von Synergieeffekten (Vorteile der funktionalen Organisation)
- Divisionen (produktorientiert) + Zentralbereiche (funktional orientiert)
→ Von funktionaler zur divisionalen Organisation

Gegen die Beamtenmentalität
- Schaffung von Produktverantwortlichkeiten + Budgets (inkl. Verantwortung)
- Ggf. Schaffung von Cost- oder Profit-Centern (Kosten- bzw. Gewinnverantwortung)
  → Lässt sich aber nicht für alle Bereiche einführen
- Cost-Center würde bei allen gehen, aber Profit-Center nicht (z. B. nicht bei „Recht", da es hier keinen Markt gibt/kein Produktverkauf = Erlös fehlt)
- Nicht ratsam: der Zentralbereich als Cost-Center (keine Kostenverantwortung, da dieser sonst vorgibt, wer was zu kaufen hat)
- Ggf. auch Motivation

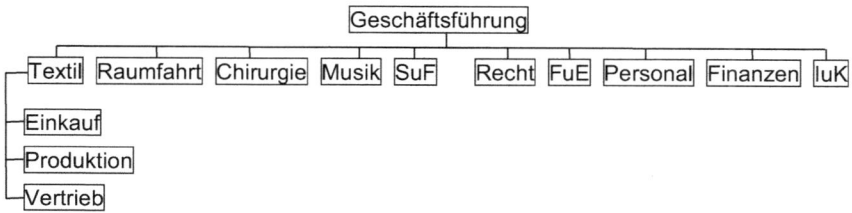

→ Für Klausur: Struktur zeichnen und begründen, warum eine Umstrukturierung sinnvoll ist (Vor- und Nachteile)!

Divisionale Organisation
- Bei Unternehmen, die mehrere Produkte haben (i. d. R. größere Unternehmen)
- Insbesondere, wenn die Produktpalette größer wird
- Struktur (ab der zweiten Ebene): Zentralbereiche + Produktsparten (beide sind auf der gleichen Ebene angesiedelt)
- Divisional: ist also auf der zweiten Ebene nach Divisionen gegliedert (können Produkte sein, oder auch andere Kriterien, wie z. B. Regionen oder Privat-/Geschäftskunden)
- Schaffung verschiedener Ressorts zur Organisation
- Vor- und Nachteile (Folie 34)
- Ausgestaltung von Divisionen: möglichst so autonom wie möglich
- Bei dieser Organisation: Organisation nach Kernkompetenzen (besondere Fähigkeiten oder Bereiche, bei denen man besonders gut/einzigartig ist)
- Zur Optimierung der Divisionen (Folie 35)

Organigramm der Richard Wöhr GmbH
- Funktionale Organisation: Funktionen auf zweiter Ebene (Funktionalorganisation)
- Mit Stabstellen (SI)
- Dritte Ebene: Gliederung nach unterschiedlichen Fertigungsverfahren
- Zwei Produktionsbereiche, die auf der gleichen Ebene angelegt sind

Organigramm des Krankenhauses Düren gem. GmbH
- Divisionale Organisationsstruktur, nach Produktbereichen (Pflege und ärztlicher Dienst) + Zentralbereiche
- Darunter (ab der dritten Stufe [meist funktional]): Sparten
  → Station 1 („regionale Gliederung")
- Gute Verdeutlichung von Funktional und Divisional
- Bei Kliniken, Stationen etc. kann man keine Funktionen lesen, sondern es sind nach Krankheitsbildern organisierte Abteilungen (durch und durch DIVISIONAL)

Fallbeispiel III: Die Matrix von Balingen
Allgemeine Unternehmensbeschreibung: international aufgestelltes mittelständisches, deutsches Einzelunternehmen, das Fahrzeuge, Etikettiermaschinen, Werkzeuge etc. herstellt

1. Welche strategischen Maßnahmen hat der neue Geschäftsführer durchgeführt?
- Produkte: Produktpalette verschlankt
- Standorte: ins Ausland gegangen
- Produktion: neue Standorte
- Outsourcing: eigene Wertschöpfungstiefe verringert (Vorproduktion ausgelagert)

2. Welche strukturellen Maßnahmen hat der neue Geschäftsführer durchgeführt?
- (Mitarbeiter)
- Arbeitsplätze/-abläufe

- Abbau einer Hierarchieebene

Einführung einer Matrix (vorher funktional oder divisional, wird jetzt verbunden)
- Vertrieb regional auf der einen Seite und Produktlinie regional auf der andern
- Produktlinien mit Produktmanagern (6)
  - → Selbstständig verantwortlich für Einkauf, Produktion und Vertrieb
- Regionalverkäufer und Produktionsmensch müssen sich austauschen
  - → Tendenziell schwächer bei divisionaler Struktur: Menge, Qualität etc.
  - → Kann der Wagen auch in Italien verkauft werden?
- Weiterer Vorteil bei Betrachtung der Struktur von unten nach oben
  - → Regionalleiter für Italien: es geht direkt an den Chef
  - → Man kann sich sofort an den fachlichen Vorgesetzen wenden, doch es können auch Kollisionen auftreten) ABER
- Probleme kann man schon von vorn herein berücksichtigen
  - → Zur Lösung von Interessenkonflikten langfristige Ziele von Produktseite und operative Umsetzung liegt beim Vertrieb
  - → Langfristiges Ziel wurde vom Produktmanager festgelegt
- Produktmanager/-verantwortlicher in Vallingen, Vertriebsmensch in Italien
  - → Wo kommen die Planungszahlen her?
- Problem lässt sich nur lösen, wenn beide ein gemeinsames Ziel festlegen
- ⇒ Es kommt also auf die Arbeit zwischen den Leuten an
- ⇒ Die informelle Organisation hat hohe Ansprüche an die Beschäftigten

3. Welche Vorteile werden mit der der neuen Struktur realisiert?

4. Was sind die Nachteile der neuen Struktur und wie werden sie gemanagt?
- Zwei Chefs

5. Welche weiteren Konsequenzen sind mit der Reorganisation verbunden?
- Altes deutsches, konservatives Unternehmen
- Gegenseitige Abstimmung ist jetzt nötig
- Produktionsanstellung
- Arbeitsplätze: Neueinstellung von Elektroschraubern etc.
- Technische Neuerungen: Touchscreen
- Organisatorisch: Produktionsabläufe (Prozessorganisation)
  - → Ziel: Verringerung von Schnittstellen, indem man modular produziert
  - → Verarbeitung größerer zusammengesetzter Teile, weniger Arbeitsteilung
- Nachteil: Entlassung vieler Arbeitskräfte durch Reorganisation
  - → Neue Organisation, neue Organisationsstruktur
  - → Es wird mehr Abstimmung benötigt, aber dennoch läuft es gut (Warum?)
- Führungskräfte der nächsten Ebenen
  - → Für Deutschland wurde die komplette Betriebsriege gekündigt
  - → Jetzt Meister/Vorarbeiter
  - → Alte Abteilungsleiter wollten nicht mitmachen +
- Mehr von Zulieferern beziehen = automatische Verkürzung der eigene Hierarchie
  - → Führungspersonen fallen weg, auch in der Produktion

- ⇒ Fazit: Reorganisation bringt kulturelle sowie personelle Probleme mit sich
- ⇒ Der im Fallbeispiel beschriebene Erfolg hat auch Nachteile

⇒ Der Text ist sehr positiv gehalten, aber damit alle „mitspielen" müssen vorab viele klärende Gespräche stattfinden (Abstimmung)

Tensororganisation: Produkt, Region, Funktional (dreidimensional)
- Produktionsproblem (Ladenwage ist für Italien von entscheidender Bedeutung)
- Hoher Koordinationsaufwand
- Nur in offenen Strukturen möglich
- Erste Versuche in Beratungsfirmen (McKinsey: die verkaufen es)
- Beispiel BASF: Nach Produktbereichen und regional (Länderverantwortliche)
  - → Zwei Objektebenen (direkt unter dem Vorstand eine Matrixstruktur)
  - → Beide müssen sich gegenseitig abstimmen
- Vor- und Nachteile: siehe Folie 46

Letzte Variante der Primärstruktur (Folie S. 47)
- Keine Betrachtung des einzelnen Unternehmens mehr, sondern der Konzerne
  (Holding-Organisationen)
- Rechtlich selbstständige Firmen/Unternehmen unter einheitlicher Leitung
  (Muttergesellschaft/Konzernmutter)
- Aufstellung der Holding unter der Konzernmutter: bei Zukauf, Ausgliederung etc. (48)

Strukturierung auf zwei Wegen (S. 49)

1. Stammhauskonzern (Operativer Holding)
- Konzernmutter ist selber operativ tätig
- Neben der Tätigkeit als eigenes Unternehmen, werden noch weitere Firmen dazu
  gekauft (Vertriebsgesellschaften = Konzerntöchter = Zukauf, Ausgegliederung etc.)
- Eigener operativer Bereich + Konzernunternehmen
- *Bsp.: Volkswagen AG, VW produziert selber, dazu gehören aber auch noch
  Tochterunternehmen, die ebenfalls Autos produzieren (Audi, Honda, Seat, Skoda etc.)*
- *Konzernmutter: Volkswagen AG in Wolfsburg (von dort erfolgt die Steuerung)*
- Konzernierung: Schaffung separater Unternehmen
- Entspricht der Verstärkung der divisionalen Struktur: hier ist jedoch keine direkte
  Weisungsbefugnis mehr vorhanden, da jeder Konzern einen eigenen Vorstand hat

2. Holdingkonzern (Management Holding, Folie 51)
- Klassisches Modell für ganz große Unternehmen
- Hat mit Produktion nichts mehr zu tun, sondern beobachtet nur
- Alle anderen sind einzelne Unternehmen
- Nur noch Verwaltung der Kapitalbeteiligungen

Finanzholding
- Wilder Zusammenkauf von Produktbereichen (Zukauf von Unternehmen, die günstig
  an der Börse stehen);
- Große Unternehmen kaufen zusätzliche Bereiche dazu, die mit dem Kerngeschäft
  eigentlich gar nichts zu tun haben = es geht hier nur um die Finanzbeteiligung
- Es werden unternehmenswertorientiert Bereiche dazu gekauft
- Finanzvariante der Management Holding

- Hier geht es nur um Kapitalbeteiligung, daher die „loseste Form"

Beispiel zur Holding-Organisation (siehe Kopie 2008-11-14/3: Salzgitter AG)
- Konzern: Besteht aus Mutterkonzern
- Darunter: GmbH (in dieser sitzen die Vorstände = personenbezogen)
    - → Begründung: steuerrechtliche Gründe (Verlustvorträge)
    - → Gewinne/Verluste lassen sich besser untereinander verteilen
    - → Hat nichts mit Organisation zu tun, sondern nur mit Gewinn-/Verlustverteilung (einfacher bei GmbH als bei AG)
- Darunter: Tochterunternehmen
    - → Konzerntyp: Management Holding
    - → Salzgitter AG: Was ist das Ureigene Geschäft der Salzgitter AG?
    - → Die Pfeile bedeuten nur, dass „Automotive Engenieering" und „Hydroforming" direkte Tochtergesellschaften/Konzernunternehmen der AG sind
    - → Salzgitter AG produziert aber nicht selber
- Alle anderen Unternehmen sind Tochterunternehmen der GmbH
    - → Diese sind wirtschaftlich verflochten, z. B. personell
    - → Sie sind für sich selbst verantwortlich (aber das ist nur begrenzt möglich)
- Beispiel: DZ Bank (S. 55 und 57)
    - → *R+V-Versicherung = Tochterunternehmen*
    - → In der R+V-Versicherung: Tochterunternehmen hat eigenständigen Vorstand
    - → Aufsichtsrat = Kontrollgremium für Vorstand der AG
    - → Kontrollorgan des Vorstandes wird hier von DZ Bank besetzt
    - → Auch hier ist wieder eine GmbH zwischengeschaltet
    - → Zusätzlich (im genossenschaftlichen Verbund) Agen
    - → Alle kontrollieren sich gegenseitig (typische genossenschaftliche Strukturen)
- Tochtergesellschaften = Teilunternehmen der Konzernmutter
    - → Der von der Vorstandvorsitzende der Konzernmutter ist in allen TG im Aufsichtsrat
    - → Warum sitzen diese im Aufsichtsrat/Warum geht das?: Diese haben die Anteile ihrer Kunden (große Kapitalanteile)

⇒ Holding = Form von divisionaler Organisation
⇒ Steuerung über personelle Besetzung
⇒ Vor- und Nachteile

Projektmanagement

1. **Definition der Ziele:** Sach-, Termin und Kostenziel
2. **Planung**
3. **Projektabwicklung**
4. **Berichterstattung**

Projektausschuss
- Günstigere Variante (Kosten und Zeit)

Stabsprojektmanagement (Folie 15)
- Einflussprojektmanagement/-organisation (daher Stab möglichst oben anordnen)
- Manager ist einer Abteilung zugeordnet
- Projektmanager hat aber keine Weisungsbefugnis
- Lösung: hohe fachliche und soziale Kompetenz
- Erkennbare Unterstützung der Chefs ist sehr wichtig
- Letztliche Entscheidung erfolgt jedoch durch den Chef
- Zuordnung des Stabes ist auch zu Abteilungen (nicht nur zum Chef) möglich

Matrix-Projektmanagement (siehe auch Folie 21)
- Projektverantwortung bei einer Position ABER
- Abstimmungsproblem/Koordination/Information (2 haben was zu sagen)

Lenkungsausschuss
- Verantwortlicher
- Die, die das Projekt steuern
- Andere verantwortliche Manager

Reines Projektmanagement
- Schaffung einer eigenen Projektabteilung (siehe Folie 24)
- Funktionale Organisation bleibt: Entwicklung, Einkauf, Produktion UND zusätzlich eine Projektmanagement (darunter: wieder funktionale Organisation)
- Nachteile: Folie 24/25 (alles bleibt in der Firma = Sicherheit)

⇒ *Ausgewählte Alternativen immer begründen (pro und kontra)*

Fallstudie zum Projektmanagement

1. **Strukturplan des Projekts** (siehe Rückseite des Fallbeispiels)

- Schlechtes Projekt, da terminliche Vorgaben fehlen

2. **Organisationsstruktur**

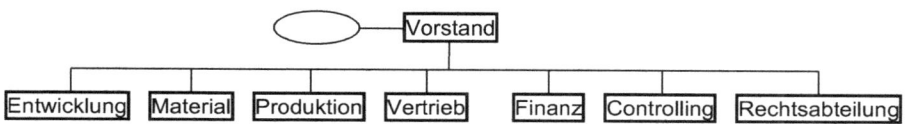

- Stab, da Projekt zeitlich begrenzt ist (sollte möglichst kein Abteilungsleiter sein)
- Bei der Lösung mit Stab: es muss koordinierbar sein (3 Bereiche koordiniert werden: Entwicklung, Material, Produktion)
- Daher: Stab möglichst oben ansiedeln, damit die Abteilungsleiter die „Anweisungen" wahr/ernst nehmen

- Bessere Lösung: Matrix, jemand der das ganze Projekt im Auge hat
- Derjenige bekommt auch noch Entscheidungskompetenzen

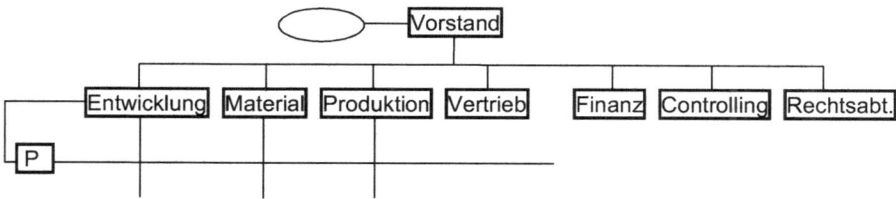

Vorbereitungsphase

	1	2	3	4	5	6	7	8	9	10	11	12	13	14	15	16	17	18	19	20	21	22	23	24	25	26	27
Finanzbudget erstellen	X																										
Baugrundstück juristisch unbedenklich oder Fremdgrundstück?	X																										

Vorbereitung nach Budgetierung + Rechtsklärung

	1	2	3	4	5	6	7	8	9	10	11	12	13	14	15	16	17	18	19	20	21	22	23	24	25	26	27
Vorbereitung der Rechtsabteilung für den Antrag zur Genehmigung beim Bauamt		X																									
Genehmigung beim Bauamt beantragen				X	X	X																					
Erstellung und Auswertung der Angebote für Architekt und Baufirma				X	X																						
Architekt und Baufirma beauftragen					X	X																					
Baugrundstück vermessen							X	X																			
Erstellung der Pläne und Zeichnungen durch den Architekt									X	X																	
Sichtung der Pläne durch den Vorstand und Freigabe											X																
Korrektur der Pläne durch den Architekten												X															

Beginn der Bauarbeiten durch die Baufirma

	1	2	3	4	5	6	7	8	9	10	11	12	13	14	15	16	17	18	19	20	21	22	23	24	25	26	27
Baugrube ausheben													X	X													
Fundament gießen															X	X											
Trockenzeit für Fundament																	X										

Maurerarbeiten und Elektrikarbeiten

	1	2	3	4	5	6	7	8	9	10	11	12	13	14	15	16	17	18	19	20	21	22	23	24	25	26	27
Rohbaufertigstellung (ohne Dach)																		X	X	X							
Innen- und restliche Außenarbeiten (Elektriker und Maurer)																					X	X	X				

Zimmererarbeiten (ab hier zurück rechnen für Entwicklung/Produktion der Maschinen, spätestens vor der 21 Woche müssen die Teile reingehoben werden)

	1	2	3	4	5	6	7	8	9	10	11	12	13	14	15	16	17	18	19	20	21	22	23	24	25	26	27
Dach aufsetzen																					X						

Entwicklung und Produktion der Fertigungsanlage

	1	2	3	4	5	6	7	8	9	10	11	12	13	14	15	16	17	18	19	20	21	22	23	24	25	26	27
Erstellung von Plänen für die Maschinen durch die Produktionsabteilung											X	X															
Abstimmung mit Bereichsleiter Entwicklung/Konstruktion													X														
Anpassung der Pläne																											
Herstellung der Maschinen in der Produktionsabteilung																X	X	X	X	X							
Lieferung durch Fremdfirmen																					X						
Zusammensetzung der Teile																											

23

Dauerbelastungstest

Funktionsmanagement
- Gibt es bei funktionaler und divisionaler Organisation
- Ergänzend zur Primärorganisation Zentralbereiche
- Ergänzung der Divisionen durch einen weiteren Zentralbereich (hier: Controlling, S. 28)

Strategische Geschäftseinheiten
- Zur Ergänzung der Primärorganisation
- GE die an der Unternehmensstrategie ausgerichtet sind
- Unternehmensstrategie: Was bedeutet das?
- Zusammenführung von strategisch zusammengehörenden Bereichen
- Structure follows strategy: was macht man und wie muss man daher strukturieren
- ABER gleiches gilt auch anders herum (aufgrund des bestehenden Unternehmens (Kernkompetenzen) muss die Strategiesierung erfolgen)

Vor-/Nachteile eines Strategiemanagers (S. 35)
- Durch Zuordnung der übergreifenden Aufgaben zu einer Person: bessere Koordination, Entlastung
- Nachteile: Widerstand z. B. durch Abteilungsleitung

Strategische Geschäftseinheiten
- Kurzfristig umsetzbar, bevor das ganze Unternehmen umstrukturiert wird

Produktmanagement (Sekundärorganisation, Punkt 4)
- Entwicklung der eigenen Produkte inklusive Überwachung: wird herausgezogen und zu einem Bereich bemacht
- Verbesserung der Anpassungsfähigkeit funktional organisierter unternehmen indem man jemanden einstellt, der „divisional denkt" (näher/schneller am Markt)
- Voraussetzung: mehrere Produkt
- Problematisch bei häufiger Einführung neuer Produkte

Aufgaben eines Produktmanagers (S. 5)
- Alles Fälle von etwas, das man neben den eigentlichen Abteilungen aufbaut
- Marketing, Produktimage, aber auch Controlling
- Universalspezialisten, die sich ganz spezifisch auf die Produkte konzentrieren (über alle Abteilungen hinweg)
- Vorantreiben der Produktentwicklung (daher meist im Bereich Marketing/Vertrieb)
- Einbindung (wieder die prinzipiellen Möglichkeiten):
  → Stab, bei der Unternehmensführung oder
  → Als Linienstelle beim Vertrieb
  → Als Matrix (überlicher Weise ohne Anweisungskompetenz gg. FuE und Produktion)
  → Als Produktausschuss: schlank Variante = Zusammenführung der Produktionsleiter (Vorteil: Bündelung von Sachkompetenz vs. Einigung zw. Abteilungen ist schwer)

Kundenmanagement (Sekundärorganisation, Punkt 5, S. 10)
- Key Account Manager: Kümmert sich um besonders wichtige Kunden (Akquise, Kundenbindung, Zufriedenheit) oder Kundengruppen
- Würde man aus dem Auge verlieren, bei rein funktionaler Organisation
- Größten Teils bei Systemgeschäften, z. B. IT, Autoindustrie (in jedem großen U.)
- Kunden und Lieferanten werden fest mit in die Produktentwicklung eingebunden
- Voraussetzung für Schaffung der Position Kundenmanager (Folie S. 12)
- Kundenmanager Vertrieb vs. Produktmanager (Leistungsorientiert)

- Controlling, Kontaktpflege, Verträge abschießen
- Anordnung, wie ein Produktmanager
  - → Stab im Vertrieb: Infos sammeln, Controlling, keien Weisungskompetenz
  - → Linienstelle im vertrieb
  - → Matrix
  - → Koordinationsausschuss
  - → Überblick zu Sekundärorganisationsformen

Prozessorganisation

Kunde	Anfrage Sekretariat	Geschäftsführer	Vertriebsleiter	Entwicklungs-leiterin	
				Einkauf Produktion	
Vertriebsleiter Nachfrage	Entwicklung	Vertrieb	Einkauf Prüfung	Vertrieb Liste	Angebot erstellen Vertrieb
Geschäftsführer	Kunde	Sekretariat	Entwicklung		
			Produktion		

- Produktion vergessen = Produktion wurde aus der Leistungserstellung ausgeschlossen (Können wir so etwas überhaupt herstellen?)
- Angebot bleibt liegen
- Keine Kontrolle/Verantwortung fehlt
- Kundeninfos fehlen ⇒ Zuständigkeiten
- Gleichzeitiges Bearbeiten
- Kundenkontakt
- Informationsproblem/Abstimmungsproblem
- Kein gleichzeitiges Bearbeiten
⇒ Ziel: betriebliche Abläufe in Vordergrund stellen, dann die Abteilungen schaffen = Prozessorganisation (normaler Weiser eher konzentration auf Aufgaben/nur Abteilungsorientiert)
⇒ Verantwortlichkeit geht verloren, Kontrollfkt., unnötige Schnittstellen, Infoverluste, Termine werden nicht eingehalten

Prozessorganisation
- Thema jetzt: organisatorische Abläufe (Folien 12 – 13)

Prozessarten (Folie 14 f.)
- Sekundärprozesse: i. d. R. alle Zentralbereiche/administrativer Bereich
- Innovationsprozesse: eher primär (weil Produktverbesserung/Marktnähe) oder sekundär, wenn Ablauf (Verfahrensinnovation)

Wertschöpfungskette (von Porter)
- Anschauen, was man besonders gut kann
- Strategische Entscheidungen anhand der Wertschöpfungskette
- Identisch zur Idee der Prozesskette (Abläufe im Unternehmen)
- Hängt eng mit Organisation zusammen
- Alles war dort als wichtige Prozesse festgelegt ist, ist auch für die Organisation wichtig

Prozessorganisation (Folie 19 ff.)
- Welche Produkte
- Wie kann ich die Prozesse zergliedern
- Wer ist noch beteiligt
- Zerlegung nach einzelnen Abläufen
- Bis hin zu einzelnen Tätigkeiten mit einzelnen Ereignissen (3. Ebene)
- Erst auf dritter ebene: konkrete Personenzuordnung

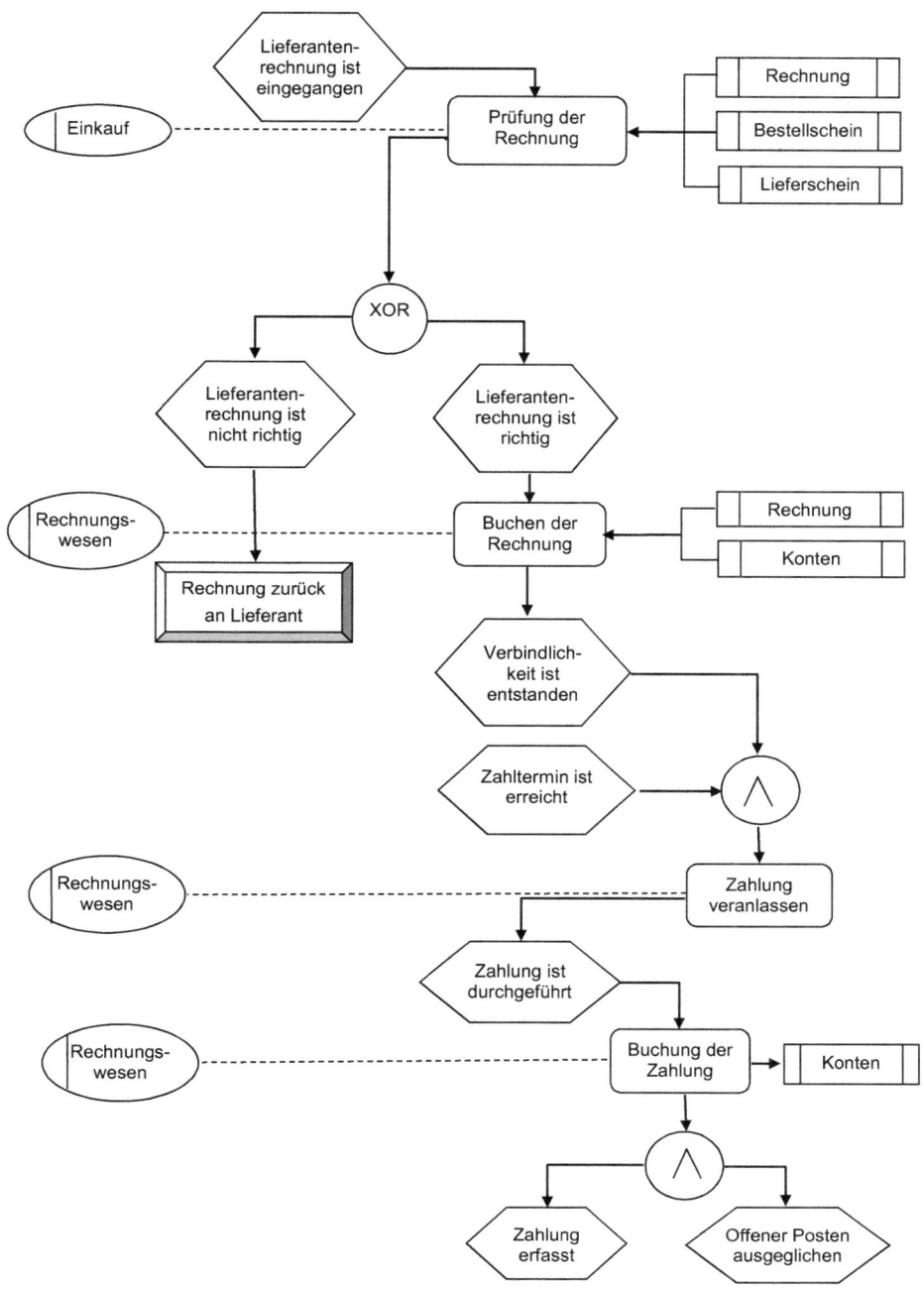

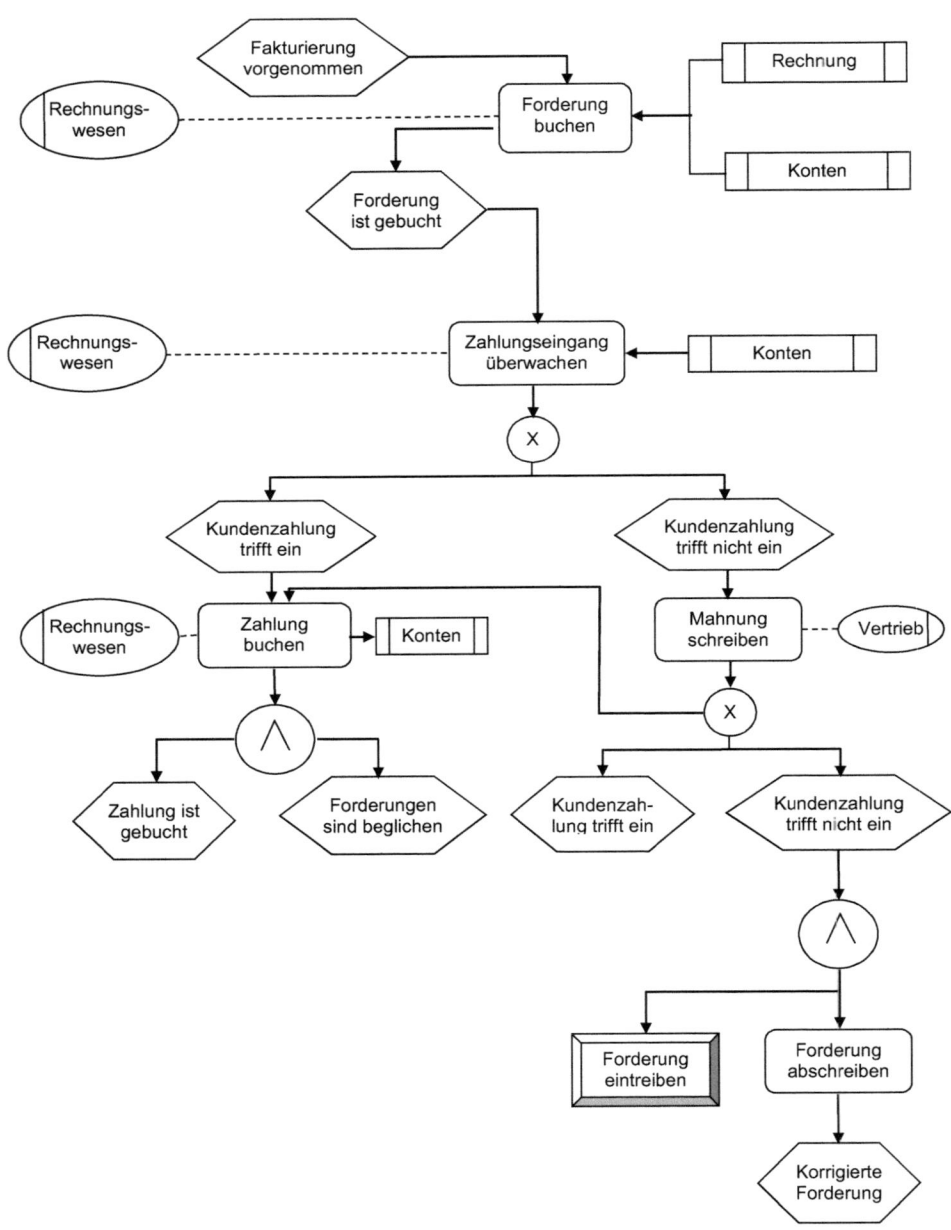

Mitarbeitermotivation

Rationale Seite = Kognitive Wahltheorie (Erwartungs-Valenz-Modell, Folie 14)
- Mitarbeiter bei individuellen Zielen packen (vielleicht ist es nicht immer die Prämie)
- Das Ziel/die Belohnung muss für den Mitarbeiter wichtig sein (Nutzen für Mitarbeiter)
- Kollege muss auch in der Lage sein, das Problem zu lösen (Zeit, Kenntnisse, Ressourchen etc.)
- Belohnung einhalten
- Individuelles Ziel + betriebliches Ziel + Belohnung einhalten

- Menschliches Verhalten hat den kognitiven Bereich
- Kognitve, rationales Verhalten gliedert sich in die drei Punkte auf
  - → Valenz = Nutzen
  - → Erwartung = Kann ich es
  - → Instrumentalität = Werde ich wirklich belohnt?
- Alle diese werden automatisch bedacht

Motivationsförderndes Verhalten

Motivation durch Ziele
- Zielvereinbarungen können motivationsfördernd sein
- Erfolge/Misserfolge sind meessbar
- Zu klären: Anspruchsniveau

Sollte man Ziele, die immer zu erreichen sind vereinbaren (niedrige Ziele setzen) oder Ziele, die nicht (nie) zu erreichen sind (hohe Ziele setzen)?
- Ziele müssen erreichbar sein
- ABER keine Unterforderung
- Anspruchsniveau-Theorie: immer ein wenig überfordern (aber nicht zu viel)
- Nicht/schwer messbar
- Rückkopplung/Beurteilungskriterien klären: unklare Regelungen können demotivieren

Fallbeispiel VII „Kromschröder AG"
Frage nach motivierenden Gestaltungsmaßnahmen (rotation, enrichment, entlargement + auf Gruppenbasis und was steckt dahinter = Klausurrelevent)
- Konzept erkennen (für Klausur): teilautonome Arbeitsgruppen
- Arbeit wird zusammengefasst (vom Fließband in die Gruppe) und Arbeit an kompletten Modulen, nicht nur an Einzelteilen
- Enrichment, da auf grupenbasis = teiautonome AG
- Enlargement, da Aufgabenzusammenführung

Welche weiteren Formen kennen Sie noch?
- Rotation (wahrscheinlich auch)

Erläuterung der bedürfnisrelevanten Arbeitsdimensionen (Folie 28)
- Aufgabenvielfalt: Job-Rotation
- Ganzheit der Aufgabe: Job-Enlargement

- Bedeutungsgehalt der Aufgabe:
- Autonomie des Handelns
- Rückkoppelung: hier Ampeln sind anzeiger für Probleme (geht davon aus, das auch mal was schief gehen kann) = sofortiges Feedback

Bedürfnisrelefvante Arbeitsdimensionen (Folie 28)
- Konkretisiert in den vier Konzepten (dahinter stehen Mitarbeiterziele/Bedürfnisse)

- Kritik: gruppeneffekte können auftreten
- Organisatorischer Wandel = Wiederstand

Ist eine so schnelle Selbstorganisation ohne Widerstand möglich?
- Hier angeblich keine Probleme
- Personen die vorher einfache tätigkeiten ausgeführt haben sollen nun komplexe arbeiten in Gruppen ausführen
- Was machen die Meister (Verlierer der Umorganisation – abteilung ist weg)
- Für Mitarbeiter: erlernte Hilflosigkeit (zu lange am Fließband, fürht zu einer Sperre im Kopf – die leute können nicht mehr im Team zusammenarbeiten)
- Feststellung bei Überführung von fließbandarbeit in Produktionszellen
- Aber mehr Qualität in der Arbeit
- Keine Reaktion der überforderten Mitarbeiter, der ganzen Gewinner/Verlierer
- ODER wurde ein kontrolleffekt eingeführt durch die Ampeln
- ODER der Chef arbeitet jetzt mit = motivation
- ABER auch+ bessere Kontrollmöglichkeiten (Monitor, Ampel, Meister)
- Teilautonome AG/Qualitätszirkel wurden in den 80er/90er Jahren wieder stärker eingesetzt
- Insgesamt gute Maßnahme: motivationsfördernde Maßnahme +

Vorgesetzenverhalten - Führungsverhalten

Führung durch Vorgesetzteneigenschaften bzw. als beabsichtigter Einflussversuch
- Ergebnis ist offen

Grundlage für Macht
1. Legitimation
2. Belohnung: Einhalten, sonst Demotivation
3. Bedrohung/Bestrafung: muss dann auch gemacht werden
4. Persönlichkeitswirkung
5. Wissen und Fähigkeiten

Führungsstile: Autoritär vs. dekokratisch
- Hängt vom Zeithorizont ab: kurzfristige Lösungen erfordern autoritäre Führung
- Welcher Führungsstil einen besseren auf Produktivität und Arbeitsintensität (Überstunden etc.) hat, ist nicht nachgewiesen
- Tendenziell: Zufriedenheit und Kreativität ist besser bei demokratischem Führungsstil

Aufgabenorienterter vs. personenorientierter Führungsstil
- Mitarbeiterförderung nur soweit wie möglich vs. persönliches Interesse
- Einfluss auf Ziele: Produktivität, Zufriedenheit, Fluktuation, Fehlzeiten
- Produktivität: nicht eindeutig, was besser ist
- Personenbezogen: höhere Zufriedenheit, weniger Fluktuation/Fehlzeiten

Zweidimensionaler Führungsziel (Mischform)
- Personenbezogen: Mitarbeiter anhören + effektiver Leistungsprozess
- Problem: widersprüchliche Erwartung (Tüchtigkeit vs. Beliebtheit)

Bewältigungstechniken
- Zeitlich entzerren (z. B. in der Adventszeit freundlicher, sonst nicht; ABER zu emotional = Koleriker)
- Sachlich unterscheiden (Problem: Ausgrenzung bestimmter Personengruppen)
- Kompromiss: aber schwammige Aussagen
- Zum Schluss: man MUSS Position beziehen (hat selber auch Vorgesetzte)

Fallbeispiel IX „Fehring Schaltbau KG" – Funktionieren einer Arbeitsgruppe
- Bernds Führungsstil: personenbezogen, dekomokratisch
- Vorgänger: eher autoritär
- Kernproblem: fehlende Macht, da Aufstieg aus selber sozialen Gruppe (er kam aus der selben Arbeitsgruppe und wird immernoch als „gleich" betrachtet)
- Versucht Wechsel von Personen- zu Aufgabenorientiert, scheitert jedoch

Was hätte man dagegen tun können und woran könnte es gelegen haben?
- Vernünftige Installation als Vorgesetzten: es muss kommuniziert werden (E-Mail), es muss merkbar gemacht werden (vorab Prämie) ⇒ Macht durch Legitimation erreichen
- Kollegen mögen den autoritären Führungsstil nicht, können aber mit dem demokratisch-personenbezogen Führungsstil so schnell nichts anfangen… (es ziehen nicht alle an einem Strang, obwohl der Chef einer von den „eigenen" ist)
- Führungserfahrung fehlt: schwankender Führungsstil führt zu Unglaubwürdigkeit
- Vielleicht ist er generell der falsche Typ: fehlende Führungseigenschaften
- Beides kommt zusammen: falsche Einführung + zu viel vorgenommen

Was könnte man ihm in dieser Situation raten?
- Gruppenbesprechung ohne externe Hilfe: thematisieren, was schlecht gelaufen ist und wie es in Zukunft laufen soll; klar machen, was nicht vorfallen darf
- Klar sagen, wie man sich die Arbeit zukünfitig vorstellt
- Genau benennen, wer was zu machen hat
- Personen, die den AL bloß gestellt haben, zur Rede stellen (entschuldigen unter 4 Augen) + klar machen, dass bestimmte Dinge nicht vorfallen dürfen
- Vorsichtig mit Abmahnungen!!!
→ Vorgesetztenverhalten entwickelt sich im Laufe der Zeit

Hängt richtige Führung nur von den Qualitäten des Chefs ab?
- Nein: Umstände erfordern manachmal plötzlic ein ganz anderes Verhalten
- Führung ist ein komplexer Zusammenhang, beim dem die Organisaiton, die Umstände ebenfalls mit rein spielen
- Es läuft über einen bestimmten Zeitraum ab (es gibt immer wieder neue Chancen)
→ Baustein informeller Struktur, die die Organisationsstruktur ergänzt

---

Gruppenverhalten in Organisationen

- Formelle und informelle Gruppen u. v. m.
- Arbeitsggruppe im Fertigungsbereich (tayloristische Führung)
- Teilautonome Arbeitsgruppe, insb. In den 70er Jahren eingeführt bei Volwo: Autoproduktion gänzlich selber bestimmt

1. Gruppenkohäsion
- Ewei effekte: rationales Kalkül + Sinnstiftung durch gruppenmitgliedschaft
- Gruppe hält nur so lange, wie diese Kategorien erfüllt sind (Sinn + Nutzen)
- Homogenität : je gleichartiger die Mitglieder, desto stabiler
- Einheitliche Meinungen, Normen: erhöhen die Stabilität (z. B. Parteien)
- Kommunikationsverhalten: häufigere Gespräche innerhalb von Gruppen
- Abgrenzung von Gruppen (z. B. beim Fussballspiel)
- Große Gruppen: je mehr mitmachen, desto größer die Stabilität
→ Demokratischer Führungsstil ist angebracht bei großen Gruppen
→ Anreizsysteme können bei großen Gruppen konstruktiv sein (Bevorzugung Einzelner)
→ Gruppen fühlen sich bedroht

2. Normen und Standards
- Werte und Konkrete Verhaltensstandards
- Verhaltenserwartungen: Ausschluss einzelner bei Verstößen
- Gruppenverhaltensstandards müssen nicht mit Firmenzielen übereinstimmen

3. Struktur der Gruppe
3.1 Status
- Rangordnung innerhalb der Gruppe
- Wer hat was/wie viel zu sagen? Privilegien/Verpflichtungen (z. B. informelle Führer)

3.2 Rolle (Rollenverteilung
- Allgemeine Verhaltenserwartungen (z. B. immer die Rolle des Schlichters
- Oft muss man mehrere Rollen ausfüllen ⇒ Rollenkonflikte: man muss unterschiedliche Erwartungen erfüllen (im Zweifel gegen eigene Werte/Überzeugungen handeln)
- Lösung für Rollenkonflikte: entscheiden, Kompromiss suchen oder sich zurückziehen
- Schwere Lösung: sollte daher vermieden werden
- Stärke der Rollenkonflikte hängt von der Situation ab (Folie 28): Legitimation, Sanktion, persönliche Einstellung

3.3 Informelle Führer
- Werden in diese Position „gehoben"

Gruppenphänomene
1. Risikoschub: in Gruppen wird ein höheres Risiko eingegangen, weil
- Verantwortung wird geteilet,
- Man ist besser informiert, da mehrere entscheiden
- Führungspersonen können starken Einfluss haben
- Es kann auch Normen geben (für mehr Risikobereitschaft)
→ Wenn man alleine entscheidet, hat man eine höhere Risikoaversion

2. Streben nach Einvernehmlichkeit (man ist ruhig, auch wenn man Anmerkungen hat)
- Stereotypisierung: über die Dauer hinweg ähnelt man sich immer mehr
- Gruppenmoral/-zensur: man äußert nicht die Meinung, um nicht vorzustechen
- Sowie wiehe Folie 31

Gegenmaßnamen (sowie Folie 32)
- Zurückhaltung des Gruppenleiters
- Advocatus diaboli: jemand, der immer dagegen argumentiert (so denkt man auch über andere Lösungen nach)

3. Konzertierte Gruppenaktionen
- Oft im verborgenen
- Lässt sich nicht direkt beobachten, man kann niemandem direkt Vorwürfe machen
- Dienst nach Vorschrift, Streik (innere Kündigung), Wiederstand gegen Veränderungen

Beziehungen zwischen Gruppen
- Wenn Abgrenzung dazu führt, dass man nicht mehr zusammen arbeitet
- Gegenmaßnahmen (siehe Folie 34)
- Förderung der Gruppenbildung (Folie 35)

Einfürhung von Gruppenarbeit
- Leute mit einbeziehen/beteiligen: Partizipatives Projektmanagement
- Personal darauf vorbereiten: Qualifikationsmaßnahmen
- Personalauswahl: richtige Leute für gruppenarbeit einstellen
- Führungsstil: z. B. demokratisch bei teilautonomen Arbeitsgruppen
- Gruppenbasiert (nicht individuell – keine Einzelnen hervorheben, sonst Sanktionen) Arbeitszeit-/Entgeltsysteme

Entwicklung einer Gruppe
- Gruppen entstehen erst im Laufe der Zeit (sie sind nicht einfach so da von Anfang an)
- Formierung, Sturmphase, Normierungsphase, Reifephase
- Gruppenphänomene sind entsprechen stark/schwach ausgeprägt